AF208539

Bibliografische Informationen der Deutschen Bibliothek: Die Deutsche Bibliothek verzeichnet diese Publikation in der Deutschen National-bibliografie; detaillierte bibliografische Daten sind im Internet über http://dnb.ddb.de abrufbar.

© 2023 Hubert Achenbach, Alsheim
Herstellung und Verlag: BoD -
Books on Demand, Norderstedt
ISBN: 9783756829033

Die in diesem Buch gesammelten Kurzgedichte wurden in Anlehnung an das japanische *Haiku*, der kürzesten bekannten Lyrikform, verfasst. Dreizeiler mit genau festgelegter Silbenzahl: 5-7-5. Sie stammen aus dem Japan des 16. und 17. Jahrhunderts und wurden inhaltlich vom japanischen Zen geprägt. Es wurden meist Jahreszeiten beschrieben, die allerdings nicht wörtlich genannt wurden. Haikus haben mittlerweile auch in die westliche Schreibkultur Einzug gehalten. Sie beschreiben Stimmungen ganz bestimmter flüchtiger Lebenssituationen, kurze Momente oder Gedankenblitze die aus ihrem jeweiligen Umfeld losgelöst nun einsam funkelnd wie Sterne im Raum stehen. Aber sie sind in der Tiefe des Lebens allgemein sowie der Erlebniswelt des Dichters gefühlsmäßig verankert. Die jeweilige Stimmung will ein Haiku in wenigen einfachen Worten festhalten und im Leser erneut auslösen.

Der nackte Frühling

– Kurzgedichte –

Texte: Hubert Achenbach
Bilder: Wolfgang Wende

I n h a l t

Statt eines Vorwortes   6

Jahreszeiten   8

     Frühling   9
     Sommer   20
     Herbst   38
     Winter   48

Schlaglichter   60

Nachwort, Zitat   *86*

So viel ist um mich
herum was soll ich beschreiben –
ich weiß von nichts

Lang drehn sich gedanken
auch nachts – das weiße blatt
vor mir ist noch leer

JAHRESZEITEN

FRÜHLING

Kirschlüten trinken licht –
tiefblau der volle becher
des maihimmels

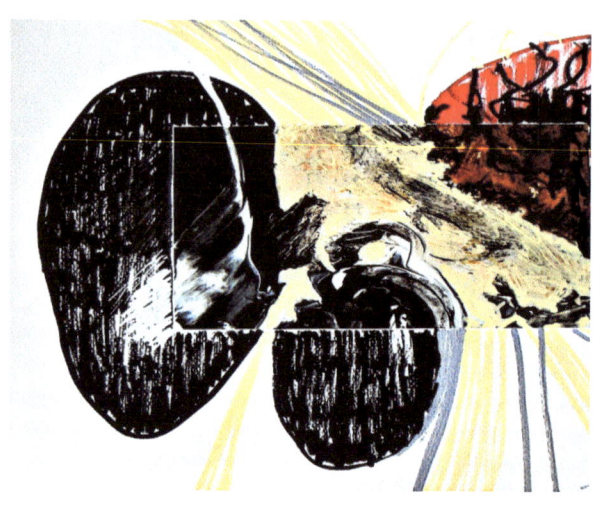

𝕯iese stumme kraft
eines sonnenstrahls das
sanfte schwert der natur

Osterkükengelb

zittern sie noch die krokusse
nackt im ostwind

Wie badeschaum die

kirschblüten – hummeln tanzen
im duft kinderleicht

Kurz noch die ranken –

rosen blühen lassen in
sommergedanken

Jasminblüten
treiben auf dunklem teich –
gestern noch im kristallblau

Hungerblümchen
im magersaum von prachtstraßen
ohne durst nach mehr

Keine blätter keine
blüten nur knospen – wie nackt noch
der frühling

Terrasse gepflastert

mit mittagslicht – eine
katze schleicht vorbei

Gänseblümchen

epigonen in grünem himmel
sie blenden nicht

Große erwartung

von jubel und glück – schon bald
die kirschbaumblüte

Winterjasmin gelbe
blüten im schnee – ich
denk an zitroneneis

Duftberauscht summen
bienen – in tiefem schweigen
die apfelblüten

Firn rinnt eilig ins tal –
schlaftrunken schaun kühchenschellen
den berg an

Bergwiesen im licht
welt der soldanellen –
wie groß ist doch mein schuh

Magnolienblüten
buchenblattflaum – ich steh im
blau wie ein hochhaus

Tiefer als der himmel

blauer als das meer

frühlingsenziane

Es hat geregnet

in der pfütze badet ein

'dreckspatz' im gewölk

Blütenexplosion
und bienenlicht – die hormone
spielen verrückt

Sumpfstiller teich
gedanken trinken sich satt –
ein libellenrad surrt

Löwenzahngelbe zeit
am boden zerstört –
hagelkörner tanzen

SOMMER

Das stück himmelblau
über meiner hängematte –
keiner nimmt mir's

Gedankentürme
leichter als wolken verdunkeln
mir den abend

Schelmischer mond
verschweigt die macht über uns -
er verrät's nur paaren

Wolkenberge nach
dem gewitter – falterflügel
in grellem licht

Sturm wirbelt im luftmeer
baumkronen pulsieren
wie grüne quallen

Grüne lichter in
lauen nächten – leuchtkäfer
glühen vor liebe

Mitten im sommer
ein kälteloch in das wir
trotz hitze fallen

Wiesengras steht hoch
im frühtau die bäuerin
morgen wird's regnen …

… hungerechos aus
ställen kühe verbrüllen
milchige morgen

Donnergrummeln
fahl schlummert der sommer
grillen sägen schon an ihm

Der sommer liegt am
boden – schwalben steigen hoch
schaun schon nach süden

Farben fließen ins
spätlicht doch kein tropfen wasser –
der blauregen

Vor mir kein weg bloß
kniehohe gräser windzart
heuschrecken schrecken …

… halme richten sich auf
hinter mir keine spur –
ein wildrosenstrauch

Ganzer halbmond im
noch jungen salatblatt –
eine schleimspur glitzert

Gierschdolde
trotziges gartenkraut
inmitten der liliensippe

Im weiß der dolden
schwarze insekten wie
noten im sommerlied

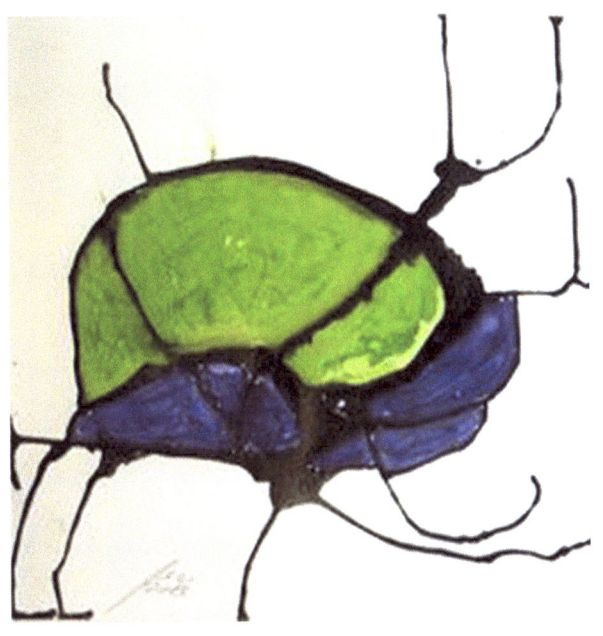

Vertrauter klang
fallender wasserperlen –
wie abweisend das blatt

Südroter wein längst
verglühte sommer im glas –
ich trinke sehnsucht

Nachts schläft das licht in
blumen – am tag tanzt es mit
knallbunten blüten

Im juli treibt back-
ofenwind die nackten in
stille schilfbuchten …

… an halmen hängen
larvenkleider von libellen
wie negligees

Königin der nacht
nur dieser einen – ob ihr
auch vorm morgen graut

Im hotizont löscht
der durstige taghimmel
rapsfeuer mit blau

Schräglicht und moostau
der wald atmet stille aus –
ich hör gedanken

Ein falter besitzt nichts
das macht ihn leicht – kostenlos
trägt ihn der wind

Hortensiendolden –
bienenkonfekt gereicht auf
schwebenden tellern

Balkongeranien
rot im mittagsgeläut – sie
blühen immer noch

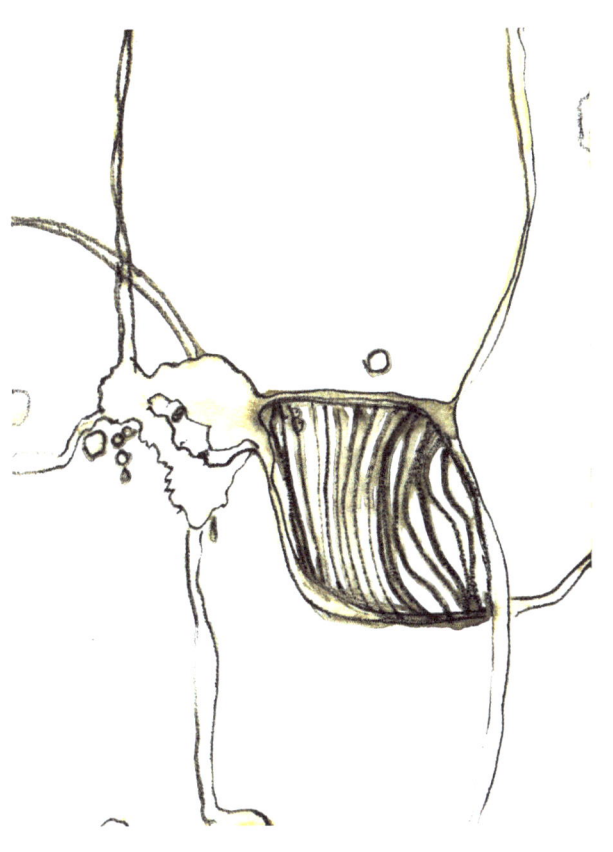

Dämmerstille

vögel verstummen – die fledermaus
tanzt vor der nacht

Schmetterlingsnetz voll
erjagter sommer – nicht mehr
als ein glockenschlag

Glühwürmchen brennen
löcher in die nacht – nicht jede
braut fällt hinein

Kolibris stehn in
der abendluft vor dem kelch –
nacht fällt vom himmel

Stündlich schlagen die
kirchturmuhren – wie hilflos
ist doch die stille …

… dazwischen singstimmen
aus vielen vogelkehlen –
was für ein trost

Lichtblasse tage
abends der milchmond –
pullover kratzen die haut

Schwer duften abende
wie ratlos nach sommer –
klammheimlich nebelt's

Weiße fische schwimmen
über meinem garten –
morgen wird's regnen

Nassgraue regen-
schirme schaukeln zwischen grab-
steinen zum gebet

In den bergen schert
herbstlicht alles über einen
kamm auch täler

Verwitterte epitaphe
totensonntagsstumm
leuchtgelbes laub

Flamingos und der
vollmond im teich – gäste ziehn
vorbei weintrunken

Tanz am weinfest man
ahmt den toten *Jackson* nach –
würdig nur der mond

Bussardschreie fliegen
tiefer – in ackerfurchen
der krähentanz

Bauerngartenstille

windzerfledderte gärten
jetzt falterbunt …

… leuchtende wimpel
des untergangs – die strengen blicke
der bussarde

Vorm untergang

rostroter asternschwur von wieder-
kehr – kein meineid

Leerer feldatem

erdduft im landstrich – bedenklich
bellt ein dorfhund

Tropfnasses gesträuch
nebelgeduckt schleicht eine amsel –
kein geräusch

Schweigsames gefunkel

in fellbraunem schollenmeer –

lampionblumen

Schnell glättet sich

die nebelstumme silberhaut –

des teichhuhns fluchtspur

Wirbelnde blätter
machen den wind sichtbar
ihre farbe die zeit

Regen klopft an scheiben
keiner macht auf – ein
ungebetener gast

WINTER

Winter bleiben aus

weiß nur noch die schneeglöckchen
sie läuten alarm

Eisschicht überm teich

stille wie in zeiten der
seerosenblüte

Kufen kratzen ins eis
rodeltage der kindheit
tauen in mir auf

Unterm dorn schlafen
rosenblüten – noch wütet
der winter von vorn

Bodenlose nester
klammern sich fest – misteln
in sinkendem licht

Fencheldolden

sonnengeröstet – sommerdüfte
im wintertee

Einsilbig der

frostige tag – erste winterlinge
zwinkern gelb

Bezaubernde schneelast
gekrümmte astrücken –
berstende stille

unterm vogelhaus

spelzen von körnern – spatzen-
bäuche kugelrund

Kaminfeuer und tee –

draußen kahler ast und
kalte abendglut

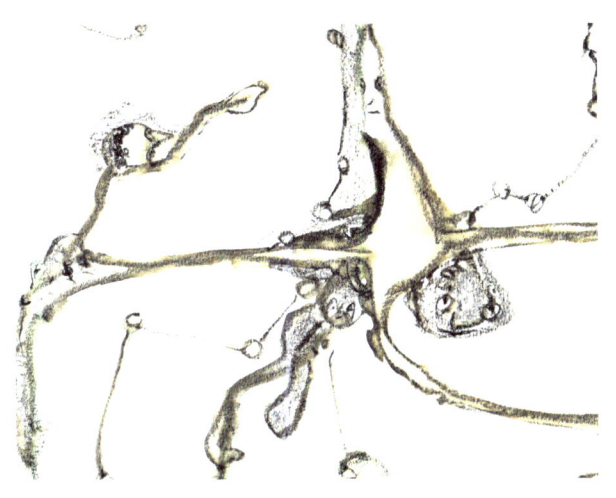

Baumrippen scheintot –

kalligraphie des lebens
in frostluft geritzt

Die milchstraße

sternenweg in die unendlichkeit –
ich steh im schnee

Gedankenflocken
sedimentieren –
weiße meditationen

Flockenfall – kristall-

wunder bauen an ihrem
haus über dem tod

Was verschweigt uns ein
baumgerippe ... das blattgrün
nur täuschung?

Frostluftklarer
sternenhimmel – fenster leuchten
wie katzenaugen

Winternackter zaun
vogelfrei kein lied nur der
gesang der stille

Alter keller – im
lehmgedächtnis reift von jahren
vergess'ner wein

SCHLAGLICHTER

Alter friedhof

steine ragen aus dem moos
in mir die gesichter

Was ist die stadt jetzt

ohne freund – biergarten mit
regenleerer bank

Der alte baum ist tot
der steinkauz verstummt
mondlicht verliert den halt

Großmutter im garten
mein erstes beet: lupinen –
immer noch frisch

Gepflügte wiesen

verlegtes bachbett –
unverrückbar die kindheit

Liebesworte

diese schattenblumen – man muss
ihrem duft folgen

Nichts berühren wir
bis eine blume uns streift –
vielleicht ist's liebe

Die tiefsten liebesverse
schrieben von je her
die unglücklichen

𝒟as baby im kinderwagen
frauen drum herum
alle lachen

Im felsenmeer hüpfen
kinder von stein zu stein
so langsam fließt es

Himbeeren zart
auf ausgetreckter kinderhand
kein fäusteballen

Rhythmisch die trommeln
des alltages – wie leicht sind doch
kinderstimmen

Soldaten marschieren
ich denk an blütenfall
windtanz kinderspiel

Rotkehlchen auf dem

spaten schaut mich an – am boden
krümmt sich ein wurm

Zikaden im neonflimmern –
rufen sie nach silbernem
mondschein?

Kondensstreifen durch-

kreuzen mondlicht –
düstere stimmung am boden

Verkäuferin vorm
laden in einer
zigarettendampfwolke …

… hastige illusion
einer pause – im blau
kreist langsam ein storch

Bröckelnde mauer
staubiger weg – die kleinste
blume gibt halt

Der tanz im waldlicht
die stille im mückenschwarm –
überschalldonner

Schwarze kiefer im
vollmond – eilzuglichter
wachsen ins morgengrau

$\mathcal{N}$icht von einsamen
gipfeln träumen die felsen
aber von stille

$\mathcal{G}$elber irrgarten
trollblumenwiesen
gedanken des dolomit

Unermüdlich der
käfer an der scheibe
sucht wohl die tür zum licht

Schmerztaub die narben
der seele fern die kerker –
der lotos blüht jetzt

Stürme knicken blumen
worte menschen – sonne
richtet alle auf

Wegsteine knirschen
im park zähne in
verbissenen gesichtern

Die joggerin läuft
vorbei – verlegen grinst die
alte im rollstuhl

Zweige liegen stumm
auf dem abendwind – ein vogel
gleitet zum nest

Nicht so ernst nehmen
das leben vor dem tod -
der ist schon ernst genug

Der uhr ist es gleich
wie menschen ticken – glocken-
schläge verklingen

Ampeln zeigen grün
autos rattern vorüber
fußgänger sehn rot

Leid verjährt nicht sinkt

bloß ins dunkel – diese

heimlichen gefährten

Wenn kein anderer

ihn mir geben kann schöpf ich

den trost aus mir selbst

Wortgefechte

schlaflose nächte – reift so ein
gedicht in die zeit?

Das leben ein reim-

loses gedicht – zum schluss
erscheint's wie ein haiku

Angesichts der
chrysanthemenblüte mein leben
ein schlichter weg

Die ganze fülle
der blüte öffnet sich – zuvor
war nur leere …

… überfüllungen
vernichten atemräume –
 man fühlt sich so leer

Kein vorher kein nachher
lichtweite felder –
 wie einsam der grenzstein

Wir laufen über
phlegräische felder –
feuer brodeln in uns

Sprachloser spiegel
ich sah mich vorübergehend –
fremde gestalt

Früchte am boden –
auch verschwendete lebens-
tage duften nach

Gräser im wind
ihre verneigung eine art
von aufrichtigkeit

Der garten ruft mein
rücken antwortet – wie schnell verblühn
jahr und tag

.

.

.

auf die füße
den kopf: deine welt kommt wieder
Stell dich öfter auf

NACHWORT

Leere zwischen
sonne mond und sternen – mein erd-
körper spürt die zeit

Zitat:

*Leben heißt Strümpfe häkeln, nach fremden
Vorgaben. Dabei aber sind die Gedanken frei,
und alle verzauberten Prinzen können sich in
ihren Gärten ergehen, zwischen den Maschen,
die der Widerhaken der Nadel eine um die an-
dere aufnimmt.*
*Häkelwerk der Dinge ... Zwischenräume ...
Nichts ...*

Fernando Pessoa

Ammann Verlag & Co., Zürich 2006

Bilder: Wolfgang Wende, Berlin
www.wolfgangwende.de

Bildtitel:

Seite:

4	Träumen im Halbfeld
6	Rundherum
7	Gelbes Hintergrundrauschen
8	Baum trifft Baum
9	Elster Silberflug
10	Gamma Ray
13	Schattenspiel 4
15	Berührung der Erde
17	Vom Gehen in der Luft
20	Poolparty
21	Schattenspiel 8
26	Keine Korrekturen
29	Nichts als Definition
32	Wasser trinken und Feuer spucken
35	Belle Marielle
38	Wörtersee
43	Lingua incognita
48	Die Drängung der Isobaren
51	Sehnsucht nach Leere
53	In der Helle löse ich mich auf
55	Der Schlendervogel
57	Xhol
60	Dazu kann ich nichts sagen
65	Von den Menschen

69   Schattenspiel 9
74   Von den Pflanzen
80   Hinter dem roten Vorwand erhob sich
       mein Gewissen
82   Kopfgeburt
85   Der Kapazitätskapitän

Texte:
Hubert Achenbach
hubach_201152@gmx.de

Weitere Werke bei BoD:

Schwerkraft und Weite
Berto Achenhub & Juri Mann
BoD Norderstedt, 2021

Falschmeldung
- U-boote über Wohngebieten -
BoD Norderstedt, 2022
Texte Hubert Achenbach
Bilder Wolfgang Wende, Berlin

ƒ